PANÉGYRIQUE

DE

SAINT VINCENT DE PAUL

AGEN — IMPRIMERIE DE PROSPER NOUBEL

PANÉGYRIQUE
DE
SAINT VINCENT DE PAUL

PAR

M. L'ABBÉ SOUÈGES

ANCIEN VICAIRE-GÉNÉRAL

ANCIEN SUPÉRIEUR DU PETIT-SÉMINAIRE D'AGEN

DÉDIÉ

AUX CONFÉRENCES DE SAINT VINCENT DE PAUL

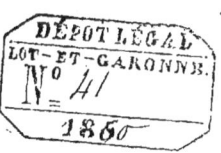

EN VENTE

CHEZ ACHILLE CHAIROU, LIBRAIRE, RUE GARONNE

ET CHEZ TOUS LES LIBRAIRES DU DÉPARTEMENT

Avec l'approbation des Supérieurs Ecclésiastiques

1860

PANÉGYRIQUE

DE

SAINT VINCENT DE PAUL.

> De post fœtantes accepit eum, pascere Jacob, servum suum, et Israel, hæreditatem suam.
>
> Le Seigneur l'a pris à la suite des troupeaux, pour être le pasteur de Jacob, son serviteur, et d'Israël son héritage.
>
> (Ps. 77-70).

Ce n'est donc pas toujours au sein de la fortune, mes Frères, que Dieu va choisir ses grands hommes ; et, pour confondre ou étonner le monde, il n'a besoin ni de l'orgueilleuse puissance de ses héros, ni de l'éclat du rang suprême. Il aime à placer les œuvres de son amour entre des mains faibles et méprisées, jaloux de montrer que toute force est à lui seul, et que sa grâce est plus féconde en bien que la sagesse humaine. David conduisait des troupeaux de son père, quand Samuel vint pour le sacrer roi ; Elisée fut retiré de la charrue, pour aller annoncer l'avenir aux rois et aux peuples ; et les Apôtres avaient passé la moitié de leur vie dans leurs barques, parmi leurs filets, quand Jésus-Christ les appela pour les envoyer prêcher l'Evangile.

Un homme, né dans une chaumière et destiné aux plus grandes choses, va nous en fournir un autre exemple, par l'histoire de sa vie. Elevé dans la pauvreté, il passera ses premières années à la garde des troupeaux, et, de cet état vil et obscur, selon le monde, la grâce le conduira à travers les tribulations qui sont le partage des amis de Dieu, à un état d'où, comme un maître souverain, il distribuera, aux pauvres les trésors de sa charité, aux ignorants les trésors de sa science, à tous les hommes tous les biens dont la Providence l'aura fait l'économe et le dispensateur : *de post fœtantes accepit eum, pascere Jacob, servum suum, et Israel, hœreditatem suam.*

Vincent de Paul ! A ce nom cher et sacré, on se rappelle un pauvre que la main de Dieu semble vouloir faire sortir de son obscurité, et que bientôt après elle y abandonne ; un esclave qui porte, deux ans, les fers dans un pays lointain et barbare ; un innocent que la calomnie poursuit à outrance ; un modèle de charité qui, pour délivrer son prochain d'un fardeau qui l'accable, s'en charge lui-même, et, comme saint Paul, consent à devenir anathème pour lui ; qui lutte cinq ans entiers contre l'esprit de ténèbres, avec autant de patience que de courage ; enfin un instrument de la miséricorde divine que la grâce façonne près de quarante ans au feu de la tribulation. Vincent de Paul ! A ce nom, l'orphelin se rappelle un père, la vierge un protecteur, l'affligé un consolateur, le pauvre une Providence visible ; à ce nom, on se représente le modèle des prêtres, la lumière des docteurs, le conseil des rois.

Je sens, mes Frères, que quelque éloge que je puisse faire des vertus de Vincent de Paul et de ses œuvres, ses œuvres et ses vertus seront toujours bien au-dessus de mes paroles. Mais je m'adresse à un auditoire qui sent déjà plus que je ne pourrai dire, et qui, sans avoir besoin de rien attendre de moi, trouve d'avance dans son cœur l'admiration, l'amour et la reconnaissance. Aussi, mes Frères, à qui il suffit de nommer Vincent de Paul, pour exciter en vous ces émotions si douces aux âmes sensibles, tout mon dessein est de suivre, comme pas à pas, s'il est possible, les actions de notre saint ; persuadé que ses œuvres racontées le loueront mieux que tous les discours. Et qu'est-il besoin d'art pour embellir ce que la religion nous offre comme son plus beau chef-d'œuvre? Tout le soin de celui qui loue doit être de ne pas dégrader par des ornements étrangers ce qui n'a besoin que de la vérité pour plaire. C'est dans cette persuasion, mes Frères, que nous suivrons ensemble Vincent de Paul, depuis sa naissance dans une humble chaumière, jusqu'à son entrée dans une des plus illustres maisons de France. Nous le verrons apprendre à l'école de la pauvreté et du malheur, le grand art, l'art sublime d'avoir pitié des pauvres, de tous les infortunés, de les consoler, de les secourir, faire de bonne heure l'essai de cette charité héroïque, à laquelle un jour rien ne doit échapper. Ensuite sa vie publique nous présentera l'ami de tous les hommes, le bienfaiteur de tous les âges, le consolateur de toutes les afflictions.

PREMIÈRE PARTIE.

Ne cherchons pas à dire ce que fit la grâce dans l'âme de Vincent de Paul, depuis sa naissance jusqu'à cet âge où la réflexion commence à présider aux actions des hommes. Il est des merveilles dont Dieu se réserve le secret, et il a voulu dérober à nos regards ses premières opérations dans les âmes. Respectons ces ténèbres, et, pour expliquer de quelles grâces le ciel favorisa Vincent de Paul, attendons que le temps arrive où, comme un vase qui épanche son abondance, le cœur de notre saint, rempli des dons célestes, laisse échapper ses richesses au dehors et les répand sur tout ce qui l'environne.

Vincent de Paul, mes Frères, avait reçu un cœur compatissant, une âme tendre dont le premier besoin fut de sentir le bien et de le faire. Choisi du ciel pour pleurer avec ceux qui pleurent, il pouvait dire, comme Job, que la compassion avait crû avec lui, dès son enfance, qu'elle était sortie avec lui du sein de sa mère, *ab infantiâ meâ crevit mecum miseratio, et de utero matris meæ egressa est mecum.* Aussi voyez comme, déjà docile à la voix de cette compagne assidue, encore enfant, il montre que la charité n'a point d'enfance, et qu'elle peut faire dans un cœur à peine formé ce qu'elle fait dans tous les âges de la vie. Ne vous attendez pas, cependant, à voir un simple berger répandre des largesses royales, et donner le superflu de l'abondance. Vincent est pauvre, mais il trouve dans sa pauvreté même des richesses pour de plus pauvres que lui. Combien de fois le morceau de pain qu'il emportait aux champs pour sa nourriture de la journée, combien de fois il le partageait avec un malheureux mourant de faim, et, réservant pour lui la moindre portion, il attendait le reste du nécessaire de celui qui, tous les jours, à ses yeux même, donnait aux oiseaux leur pâture et revêtait le lis des champs! Un jour, ô mes Frères, je ne crains pas de trop dire en racontant ce que la grâce a inspiré; un jour, gardant son troupeau, il vit un pauvre, couvert de haillons, s'avancer vers lui, lui tendre une main suppliante. Que fera Vincent, mes Frères, que fera-t-il? Son pain ne suffit pas à un infortuné presque nu, tremblant de froid en sa présence. Il se souvient qu'il a une petite somme en réserve, fruit d'un long travail et d'une épargne continuelle. Il court chercher son trésor, il le donne. Si jeune encore, Vincent a-t-il lu l'Évangile? ou bien Jésus-Christ est-il venu lui apprendre que nourrir ceux qui ont faim, revêtir ceux qui sont nus, c'est le nourrir et le revêtir lui-même? Ah! sans doute, il est des âmes pour qui faire du bien n'est que le délicieux penchant d'une heureuse nature; mais Vincent, mes Frères, Vincent éclairé par la grâce, sait déjà voir Jésus-Christ dans tous les pauvres. Un pauvre manquant d'asile, de pain, de vêtement est déjà pour lui Jésus-Christ n'ayant pas où reposer sa tête, ou dépouillé sur la croix, ou abreuvé d'amertume.

Une charité si tendre et si éclairée n'avait pas échappé aux parents de Vincent de Paul, et si la fortune leur avait refusé les moyens de seconder ces premières inclinations de leur fils, ils savaient au moins les admirer ; peut-être même, alors pour la première fois, ils se plaignirent au ciel d'être pauvres. Cet enfant qu'ils voyaient tous les jours sortir de bonne heure de leur maison et aller dans une chapelle de la Sainte Vierge faire sa prière avant de recommencer ses travaux, cet enfant dans les yeux duquel ils avaient si souvent surpris des larmes de compassion quand un mendiant passait près de lui, qui n'avait, des enfants de son âge, que l'innocence et la douceur ; ce jeune berger à qui, plus qu'aux autres fruits de leur union, ils donnaient avec orgueil le nom de fils, leur parut digne d'une éducation, et déjà pauvres, ils osèrent risquer pour lui de le devenir davantage. Ils placèrent Vincent chez des religieux dont ils s'attendaient à voir l'expérience surprise d'une perfection si précoce. Le jeune élève fut, en effet, bientôt cité pour modèle; et tandis que ses succès excitaient l'admiration, son humilité le sauva de l'envie : il acquit assez, en peu de temps, pour être capable d'enseigner les autres. L'Esprit-Saint se hâtait de faire de cette âme un vase sanctifié, utile à Dieu lui-même, propre à toute bonne œuvre : *Erit vas in honorem sanctificatum, et utile Domino, ad omne opus bonum paratum.* Sous la direction d'un tel maître, il parvient, par un enchaînement de succès, à cet âge où l'Eglise ouvre aux Samuels la porte du sanctuaire. Paissez mes agneaux, lui dit depuis longtemps son divin Maître : *Pasce agnos meos.* Sûr de son cœur, après l'avoir mille fois entendu répéter : Oui, Seigneur, vous savez que je vous aime. il lui donne, avec son sacerdoce, la plénitude de son esprit, une charité encore plus vive, un zèle de sa maison qui déjà le dévore. Revêtu de Jésus-Christ, qui retiendra le jeune prêtre brûlant déjà de voler à la conquête des âmes? Il est beau de le voir, disant sa

**

première messe, dans une chapelle isolée, voulant n'avoir que Dieu, les anges et les saints pour témoins de son bonheur et de ses premiers engagements. Il descend de l'autel, il va demander la permission de travailler dans la vigne sainte, et lui qui ne voulait qu'une place à la suite d'un prêtre qui aurait été son modèle et son guide, il est chargé d'une paroisse qu'il doit gouverner seul. Mais le village de Thilh est riche, et les réclamations d'un compétiteur viennent au secours de l'humble Vincent de Paul; il cède sans regret un poste éclatant qu'il disputerait s'il était pauvre. Il rentre dans l'obscurité, et cependant, ô mon Dieu, que manque-il à votre serviteur pour commencer l'œuvre que vous réservez à ses mains? Il lui manque, mes Frères, d'être malheureux et de devenir, par ses souffrances, plus savant encore dans la science de la croix. Déjà, vous comprenez ce qui se prépare.

Vincent sort du port de Marseille, où une affaire l'a retenu quelque temps. Tout à coup le vaisseau est assailli par des corsaires. On résiste, on combat, le sang coule; enfin le nombre l'a emporté. Vincent, blessé d'une flèche, subit la loi du vainqueur; on l'emmène à Tunis, chargé de chaînes. Vendu successivement à trois maîtres, l'oint du Seigneur trouve trois fois des ennemis du nom de Jésus-Christ. Ses mains, qui doivent alléger aux autres le poids des fers, sont condamnées à en porter elles-mêmes, et à manier les durs instruments de l'esclavage. Encore si, comme Tobie captif à Ninive, il pouvait où expliquer la loi de Dieu à ses frères captifs avec lui, où leur distribuer le fruit de ses épargnes pour adoucir la rigueur de leur sort, ses frères souffrant moins, il souffrirait moins lui-même: mais il les voit, il les entend gémir, et il ne peut que gémir avec eux; il brûle de leur dire, au nom de Jésus-Christ, que leurs peines auront un terme, que les misères de la vie ne sont rien auprès des consolations promises à ceux qui pleurent, mais où ils sont loin de lui, où ses paroles se perdent au milieu du bruit des chaînes et parmi leurs cris de douleur.

Enfin, s'il le veut, ses fers vont tomber. On n'attend qu'un mot de sa bouche ; qu'il renonce à Jésus-Christ, qu'il adore Mahomet ; à ce prix, il est libre, il va partager les connaissances, les biens d'un maître riche et savant ; il va revoir sa patrie. Vincent de Paul, mes Frères, a son trésor, sa science, sa patrie dans le ciel ; qu'on ne lui parle plus de liberté, au prix de son divin Maître ! Aimer Jésus-Christ, l'invoquer, le servir, même dans l'esclavage, voilà sa liberté! Ah! tant qu'il pourra, comme David, chanter les louanges de Dieu dans la terre de son exil, tyrans, gardez vos promesses, elles sont trop au-dessous de ses espérances ! Mais que vois-je ? Et, Seigneur, que permettez-vous ? Un apostat devient maître de Vincent ! Que va devenir le prêtre de Jésus-Christ sous la loi d'un homme qui a abandonné Jésus-Christ. La vertu de l'esclave, sa patience, ses prières que du milieu de ses douleurs, il adressera au père de toute consolation, sa dignité de prêtre dont, s'il le faut, il ne rougira pas de se glorifier, tout cela ne sera-t-il pas un reproche continuel qui tourmentera la conscience de l'infidèle, et Vincent de Paul ne portera-t-il pas la peine de ses remords? Ah ! l'innocence qui condamne le crime est un juge trop sévère, pour que le crime lui pardonne, quand il peut se venger ! Mille morts auraient été moins affreuses pour le pauvre esclave, que la vie à laquelle il fut condamné. Au milieu d'un horrible désert, brûlé par un soleil ardent, Vincent de Paul revient tous les jours, sous la verge d'un maître féroce, briser ses bras, épuiser ses forces. Sans espérance et sans repos, le jour arrosant la terre qu'il travaille, de ses larmes et de ses sueurs, la nuit souffrant encore des peines de la veille, et frémissant à la pensée des peines du lendemain, il demanderait au ciel ce qu'il a fait pour mériter des coups si rudes, s'il ne lui suffisait pas de se soumettre pour se consoler. Mais lorsque le ciel semble l'avoir abandonné à ses malheurs, voyez, mes Frères, comme il enseigne à espérer contre toute espérance. Dieu qui a abaissé son serviteur jusqu'au fond de l'abîme, va l'en retirer, et apprenez ici qu'il tient tous les cœurs entre ses mains.

« Chantez-moi les louanges de votre Dieu, dit un jour à Vincent de Paul, une femme de l'apostat, comme lui fidèle à Mahomet; racontez-moi ce que fait son amour pour ceux qui l'adorent. » A cet ordre, Vincent soupire, et des larmes coulent de ses yeux. Tel que l'Israélite captif, loin de sa chère Jérusalem, tournant ses regards vers cette patrie où l'on adore le Dieu de Jacob, il interroge son cœur et se demande comment il pourra chanter les cantiques du Seigneur dans une terre étrangère. Il n'a pas suspendu sa harpe aux saules de l'Euphrate, mais sa langue presque glacée refuse de redire en ces lieux profanes le nom sacré du temple de Sion. Cependant, un nouvel ordre est donné. Alors, faisant effort sur sa douleur, d'une voix tremblante et plaintive : Je me suis assis, dit-il, sur les bords des fleuves de Babylone, et j'ai pleuré en me souvenant de Sion. Ceux qui m'ont emmené captif m'ont commandé de chanter des cantiques; et comment pourrais-je obéir, sans oublier la Terre Sainte d'où mes maîtres m'ont arraché? Jérusalem, objet de mes plaintes et de mon amour, ville sacrée que je ne vois plus, que ma main se dessèche à l'instant, que ma langue reste muette, si j'oublie, dans mon exil, ton temple et tes autels, tes fêtes et tes sacrifices! Animé par ces premiers accents que la douleur lui inspire, Vincent salue alors Marie, la mère de miséricorde; il l'appelle sa vie, sa douceur, son espérance; il crie vers elle du fond de cette vallée de larmes où se consument ses plus beaux jours; il la conjure de tourner vers lui ses tendres regards de mère, et de lui faire revoir enfin le royaume de Jésus-Christ!

La prière de Vincent ne sera pas inutile. Ces chants plaintifs et si pieux ont touché la Mahométane, et déjà la grâce répand des sentiments de paix dans son cœur. Comme le prophète de Juda, venue pour maudire, elle bénit les tentes du dieu de Jacob; elle ose faire un crime à son époux d'avoir abandonné la religion de son esclave; elle parle, elle touche sans le savoir, et la femme infidèle sanctifie le mari infidèle. Le jour est pris où Vincent et son maître vont s'échapper de cette terre maudite où l'un a perdu sa foi, où l'autre l'a conservée au milieu des séductions, des menaces et des supplices. Seuls, en silence, ne confiant qu'à Dieu leur dessein, ils s'embarquent sur un esquif, et se livrent à l'Étoile de la mer. Les vents, les flots respectent Vincent et sa conquête. Enfin la France paraît; ils abordent, et l'Eglise voit Vincent de Paul lui ramener par la main, dans une abjuration solennelle, l'enfant prodigue qu'elle avait perdu.

Voilà donc notre saint rendu à sa patrie. Sa vertu épurée, fortifiée par le malheur, laisse partout, malgré lui, la bonne odeur de Jésus-Christ. De Rome, où il est allé visiter les Lieux-Saints, et nourrir son âme de sentiments héroïques, en foulant une terre arrosée du sang des martyrs, il passe, chargé d'un secret d'Etat à la cour de France. Henri-le-Grand, cet homme qui connaît si bien les hommes, croit voir un saint en le voyant, et déjà lui destine une place honorable auprès de lui. Mais ce n'est pas dans une Cour que Vincent doit passer sa vie. Il ne voit là que des grands, livrés aux plaisirs, ou indociles par orgueil, et son cœur se tourne vers les pauvres. Il sent que cette portion privilégiée du troupeau de Jésus-Christ appelle ses premiers efforts. C'est aux infortunés, c'est aux pauvres, se dit-il, que le ciel m'envoie annoncer l'Evangile, et porter des paroles de consolation, *evangelitare pauperibus misit me*. C'est pour eux qu'il m'a fait porter les fers et voir de près les misères de la vie. J'irai donc les visiter dans l'humble réduit où ils gémissent, les exhorter à la patience; sentir toutes leurs douleurs, mêler mes larmes à leurs larmes, leur montrer la croix et leur dire : Heureux ceux qui pleurent, car ils seront consolés.

Pour remplir sa promesse, il refuse une riche abbaye et le titre d'aumônier de la reine. Là, son zèle est encore trop loin de ses affections. Une maison où il vient de lire en passant : *Hôpital de la Charité*, convient mieux à ses inclinations bienfaisantes. Il n'est pas jour encore, et déjà, tous les matins, Vincent de Paul revient frapper à la porte de cette maison pour y passer la moitié de sa journée. Oh ! qu'il voudrait acheter de son repos le soulagement de ses chers malades ! Ils sont ses amis, puisqu'ils sont malheureux ; mais que lui sert de les aimer, s'il n'adoucit pas leurs souffrances ? Je le vois s'approcher de ces grabats où de pauvres infirmes viennent de passer une longue nuit. A son air compatissant, à son sourire, si la douleur est moins vive, à ses larmes, si le mal est plus fort que ses soins, ils reconnaissent enfin que cette maison où ils sont retirés mérite le nom qu'elle porte. Et quand ils le voient lui-même les transporter d'un lit dans un autre, remuer la paille de leur couche indigente, panser leurs plaies, les embrasser, ils se demandent quel est donc cet homme charitable qui vient tous les jours leur apprendre à bénir leur douleur. O vous qui ne savez pas encore le nom de votre bienfaiteur, il s'appelle Vincent de Paul. Le jour approche où vous vous écrierez avec la France, avec le monde entier, s'il n'est pas lui-même la Charité, il est au moins le héros qu'elle inspire !

Mais tandis que Vincent de Paul console les malheureux, et que tant de bouches bénissent de concert sa bienfaisance, un orage formé dans les ténèbres vient tout à coup fondre sur sa tête. On l'accuse d'avoir volé une somme considérable, lui qui a tout donné, son pain, son argent, ses habits. L'accusateur est un juge ; ce titre seul suffit pour faire croire qu'il dit la vérité, comme il croit la dire lui-même.

Il dénonce Vincent à ses amis, et les amis de Vincent l'abandonnent. Un seul lui reste et le soutient. Bérulle, le vertueux Bérulle, confident de ses peines, proteste de son innocence ; il encourage Vincent à souffrir avec résignation, jusqu'à ce que celui qui voit la vérité la fasse aussi voir aux hommes. Fort de sa conscience et des paroles de son ami, Vincent écoute en paix la calomnie. Quand tout le monde serait contre lui, il ne tremblerait pas. Dieu qui voit son cœur, qui l'a jeté dans cette épreuve, Dieu est son juge, Dieu est pour lui; qu'on le persécute, il souffrira avec patience; qu'on le maudisse, il bénira ; qu'on le traine dans les fers, les fers lui seront doux, portés au nom de Jésus-Christ.

Enfin le jour de la justice est arrivé. Vincent l'a attendu, et le ciel va donner le prix à sa confiance. Le vrai coupable a déclaré sa faute, et l'accusateur, confus, veut faire amende honorable à Vincent. Il se rappelle ses emportements, ses injures; il les oppose à l'humble douceur du juste persécuté. Le bon prêtre était si patient! Il voyait tous ses amis se retirer, et sans se plaindre ni des hommes ni du ciel, il se jetait dans le sein de l'ami qui n'abandonna jamais l'innocence. Fallait-il donc soupçonner une vertu si pure, à laquelle lui-même il n'avait pu refuser son admiration ? Et pouvait-il n'être qu'un hypocrite celui qu'il avait vu s'échapper d'une Cour, où lui souriaient à l'envi le monde et la fortune, pour aller chercher parmi les pauvres ses richesses et ses plaisirs? Que faire donc? Quel parti prendre pour réparer sa faute? Si Vincent de Paul la lui pardonne, voudra-t-il se la pardonner? Il lui écrit, prêt, s'il le veut, à venir à ses pieds demander grâce. Vincent de Paul, mes Frères, bénissait son persécuteur au fort de l'orage ; quand l'orage fut passé, il le remercia d'avoir donné une nouvelle épreuve à sa vertu.

Et maintenant, que faut-il de plus au Dieu jaloux qui purifie? Vincent de Paul est-il enfin digne de lui? Ou bien garde-t-il encore dans ses trésors de nouveaux coups pour son serviteur ? Ah ! mes Frères, qu'il en coûte aux saints pour être selon le cœur de Dieu ! Vincent de Paul a vu un prêtre dont les discours et les écrits ont mille fois confondu les hérétiques ; il l'a vu perdre peu à peu les lumières qu'il s'est efforcé de communiquer aux autres. Et que lui sert d'avoir fait croire, quand lui-même il ne croit plus ? d'avoir fait aimer, espérer, quand il ne trouve plus dans son cœur ni charité ni espérance ? Sur sa tête, le ciel disparaît, à ses pieds, l'Enfer s'ouvre et lui fait voir ses abîmes, ses profondes horreurs. Le doux nom, le nom consolant de Jésus-Christ le tourmente. Désespéré, blasphémant ce qu'il ne peut bénir, épuisé de résistance, il tombe, et les attaques sont plus furieuses que jamais, et le démon crible sa victime. Vincent de Paul a tout vu ; Vincent se jette à genoux, et, les yeux pleins de larmes, les mains levées vers le ciel, il conjure celui qui seul soulève et calme les flots de rendre la paix à l'âme agitée ; ou, s'il faut que la tempête dure encore, qu'elle passe sur sa tête, et que son ami soit soulagé. La prière du nouveau Paul a percé les cieux : et déjà il est en proie à l'ennemi qu'il vient de chasser de sa retraite. D'épaisses ténèbres l'environnent. Jusque-là, dans ses amoureux colloques, il a vu presque face à face celui que contemplent les saints ; pour lui, souvent les mystères n'étaient plus des mystères ; sa vive foi perçait les voiles obscurs qui les dérobent à la vue. Aujourd'hui, quels sombres nuages ! Les plus sublimes, les plus touchantes vérités de la religion se perdent pour lui dans un lointain où il ne peut atteindre. Il veut croire, et tout lui dit qu'il se trompe. Il veut aimer, et son cœur ne saisit que des chimères. Oh ! qu'il sent mieux que jamais combien a dû souffrir cet ami dont il a pris toutes les peines ! Qu'il est dur, en effet, mes Frères, qu'il est désolant de flotter dans une vague incertitude, sans repos, sans espoir de trouver enfin un port tranquille, d'avoir besoin d'un appui pour se délasser, et de n'en trouver nulle part; de voir que l'objet sur l'existence et la possession duquel on avait établi toute sa félicité, disparaît comme un songe, vaine illusion de la nuit! Qu'il est pénible, quand l'âme est comme suspendue en l'air, de ne pouvoir la faire reposer sur rien, de l'arracher de vive force à la terre qui passe, elle qui ne passe pas, et de ne pouvoir lui donner dans le ciel qu'une place incertaine à laquelle tout lui dit qu'elle ne doit point s'arrêter! Quelle extrémité d'être réduit à combattre non plus avec ses armes, avec son bouclier, mais pour ses armes, pour son bouclier! d'avoir besoin d'un secours étranger, et de se trouver tout seul avec toute sa faiblesse! Tremblez, mes Frères, pour une âme ordinaire, s'il plaît à Dieu de l'éprouver par ces combats. Vincent de Paul n'a besoin que d'admiration. Voyez-le toujours calme et inébranlable, n'opposant au terrible ennemi qui l'attaque que la simplicité de sa foi et la fermeté de sa confiance! Des esprits superbes, pour qui il n'y a point de grandes œuvres sans des dehors éclatants et fastidieux, dédaigneront de l'admirer luttant en silence contre l'enfer, écrivant sa profession de foi, la plaçant sur son cœur, et convenant avec son divin Maître que quand il y portera la main, il voudra croire à tous ses mystères; pour nous, mes Frères, qui croyons qu'on peut être héros sans sortir de son cœur, nous rendrons grâces à Vincent de Paul de nous avoir donné, dans l'histoire de ce noble dévoûment, une des plus belles pages de sa vie.

Si, après cinq ans de combats, mes frères, la victoire resta à Vincent de Paul, ne faisons pas honneur de tout le triomphe au pieux artifice dont nous venons de parler. Il est une autre cause bien digne de lui qui rendit sa gloire complète. Les cœurs des hommes sensibles et reconnaissants n'oublieront jamais l'engagement que prit alors le saint prêtre de se dévouer pour tous les jours de sa vie au service des affligés : promesse touchante qui fit triompher la foi par la charité, et donna irrévocablement un ami à tous les hommes.

Mais, qu'ai-je dit? et que vois-je? O Vincent de Paul, avez-vous déjà oublié votre promesse? qu'allez-vous faire dans une retraite? Ce n'est pas là que sont les malheureux qui ont besoin de vous! Mes frères, attendons. L'athlète de la charité est allé retremper ses armes. Encore un moment; et fort par la prière, prêt à toute bonne œuvre, le cœur dans les mains, Vincent de Paul va paraître au monde, pour consoler le monde!

DEUXIÈME PARTIE

A peine l'Esprit saint a-t-il laissé Vincent libre de courir dans la voie qui lui est ouverte, que déjà il s'y précipite, et répand en tous lieux la lumière et la chaleur d'une lampe ardente et luisante. Qu'on le retire de sa paroisse de Clichy, où peu de jours lui ont suffi pour faire dire que tous les habitants étaient des anges, et qu'on le place dans une illustre maison, où l'on met entre ses mains des enfants qu'il faut élever selon leur naissance, son zèle éclate bientôt, et rompt les barrières qu'on lui oppose. Laissez-le voler où une voix divine l'appelle. Déjà Châtillon-les-Dombes a reçu celui que le ciel lui envoie. Vincent paraît, et l'hérésie frémit dans un de ses plus formidables remparts; Vincent parle, et l'hérésie s'enfuit, et les cœurs endurcis s'amollissent. En six mois la face de la ville est renouvelée. Il commence à peine à jouir du fruit de ses travaux, en voyant un peuple nouveau retracer les beaux jours du christianisme, que M. de Bérulle le rappelle dans la maison d'où il s'est échappé. Il obéit, et un nouveau champ s'ouvre devant lui. Du milieu de la pompe et des grandeurs au sein desquelles ses soins sont bornés à une famille, il aperçoit au loin une moisson mûre et abondante. Ce sont les vastes domaines de la maison de Gondi. Là, de pauvres paysans à qui, pour être saints il ne suffit pas d'appartenir à des maîtres vertueux, oublient qu'ils ont une autre fin que les troupeaux qu'ils mènent paître, et arrivent par une vie sans foi et sans piété à une mort sans espérance. Vincent de Paul entre dans ce champ du père de famille, où tout est à faire. Il appelle à son secours quelques ouvriers infatigables comme lui. D'innombrables conversions attestent le succès de son zèle. L'enfer frémit et prépare ses armes. Le bouclier de la foi à la main, le glaive de la parole à la bouche, Vincent de Paul le défie, terrible comme une armée rangée en bataille, *terribilis ut castrorum acies ordinata*. Et bientôt toutes les campagnes de la Normandie qu'il embrasse dans sa conquête, s'étonnent d'avoir si longtemps ignoré que les vrais intérêts de l'homme sont dans la paix de la conscience, et son bonheur dans la vertu.

Vincent de Paul n'est pas encore délassé de ses fatigues, qu'il a entendu des cris de douleur, et ses entrailles se sont émues. Il s'élance dans les prisons, au fond des cachots. Il y va dire à ceux que les hommes abandonnent que la religion ne les abandonne pas, eux, les plus chers de ses enfants, parce qu'ils sont les plus malheureux. Voyez-le, mes Frères, arroser de ses larmes ces lits infects que personne ne vient visiter, baiser ces chaînes douloureuses, les soulever, les soulever encore ! Il sort, les yeux baignés de pleurs. Où va-t-il porter sa peine ? où va-t-il ! Il irait au pied du trône réclamer la justice pour ceux que la justice a condamnés. M. de Gondi, à qui il a appris si éloquemment que dans une injure reçue, le véritable honneur consiste à pardonner, a entendu ces plaintes éloquentes ; et les captifs apprennent sous leurs fers que celui qui les a visités, veut être désormais leur consolateur et leur père. Ils sortent à la fois de vingt prisons, et vont se réunir dans une seule, plus saine, préparée par les soins du saint prêtre.

Quelque hommage qu'ait rendu alors à la charité l'infortune reconnaissante, ce n'est encore qu'un premier triomphe. Louis XIII, étonné du bel ordre qu'a su établir Vincent de Paul parmi des hommes qui jamais n'en avaient connu, le nomme aumônier général des galères de France. C'est bien à lui qu'était dû ce titre, inconnu jusqu'alors, lui qui enseigna qu'il est aussi une pitié pour le crime ?

A cette charge on veut en ajouter une autre. C'est François de Sales qui lui confie ses chères filles de la Visitation. Il a vu Vincent, et a dit que Vincent lui semble le plus digne de conduire les âmes ; Vincent a vu François de Sales, et a dit qu'il lui semble voir Jésus-Christ conversant parmi les hommes. Jamais jugements ne furent plus touchants et plus solides. Mais la famille adoptive peut encore se passer des soins de son nouveau père, il les porte où le besoin est plus pressant. Depuis que les cris de la douleur sont venus frapper son oreille, son cœur ne lui laisse point de repos. Il traverse la France, il arrive à Marseille où commencèrent ses propres infortunes. Le plus humble des hommes ne dit pas ce qu'il est ; il sait que la charité est modeste ; il veut compatir sans éclat, consoler sans magnificence. Il entre dans ces prisons flottantes d'où la douleur et les cris de la douleur ne sortent jamais. Entrons avec lui, mes Frères ; suivons-le parmi ces hommes pour qui la vie est le plus horrible de tous les supplices. Ciel ! que sont ces figures livides ? ces têtes échevelées ? ces yeux brûlants d'un feu sombre ? ces corps d'où les vers percent à travers des haillons ? Quels sont ces êtres dont la bouche ne s'ouvre qu'à des imprécations contre des maîtres féroces, et qui se plaignent de n'avoir pas mérité de mourir ? O mon Dieu ! ce sont comme nous vos images, rachetées au prix du sang de Jésus-Christ, que les hommes ont condamnées à vivre dans les fers, sur un peu de paille pourrie ! A ce spectacle, le cœur de Vincent de Paul s'est déchiré. Qui souffre dans ces noirs cachots, sans qu'il souffre avec lui ? Qui est faible, sans qu'il s'efforce de le soutenir? Qui tombe, sans qu'il le relève? Ah! pourquoi les hommes ne sont-ils pas miséricordieux comme son divin maître? Plus prisonnier que tous les prisonniers qui l'entourent, pourquoi lui-même ne peut-il pas se charger de tous ces fers, prendre la place de tous ces malheureux?

Les vœux de Vincent de Paul, mes Frères, ne seront pas tout à fait inutiles. Il a aperçu parmi les autres forçats, un infortuné, un jeune homme dont la tristesse paisible, et le visage baigné de pleurs annoncent une victime du besoin peut-être plus que du crime. Il s'approche de lui pour l'interroger, pour le plaindre, et de ce ton qui exprime l'intérêt le plus tendre : Mon ami, qui êtes-vous, lui dit-il? Le forçat à qui cette question ne semble pas inutile pour son bien, répond simplement : Je suis l'époux d'une femme dont les vertus ne méritent pas la douleur que lui causent mon déshonneur et ma disgrâce; je suis le père de trois jeunes enfants qui n'ayant que mes bras pour vivre, gémissent dans la misère, s'ils ne sont pas encore morts de faim! — Mais, votre crime? — J'avais cru que les lois fermeraient les yeux sur un père cherchant du pain pour ses enfants; je me suis trompé, puisque je suis dans les fers. — Depuis quand y êtes-vous? — Depuis un an, j'appelle la mort; elle me fuit; et deux ans encore, j'ai à me représenter ma femme et mes enfants périssant loin de moi, après avoir imploré par leurs cris et leur abandon, une justice inexorable! Oh! Monsieur, que la vie est longue dans les fers, quand on n'est pas fait au crime, et que chaque battement de mon cœur est peut-être celui qui répond au dernier soupir de ma femme ou de quelqu'un de mes enfants! — Ainsi le moment qui vous rendrait à cette femme, à ces enfants, serait pour vous le plus beau moment de la vie? — N'en doutez pas, Monsieur. Mais il est si loin encore, qu'à travers les maux que je souffre, je puis à peine me reposer dans l'avenir. — Ce moment est venu, si vous le voulez. Ecoutez, mon ami, je ne suis utile à personne; donnez-moi vos fers, et allez rendre la vie à une famille désolée; en même temps le saint Prêtre arrosait de ses larmes la main du forçat, qu'il tenait dans la sienne. — Que je vous donne mes fers! non; mon cœur sans doute est innocent, mais vous n'êtes pas coupable. Cet horrible séjour ne m'a pas encore dénaturé, au point de me faire oublier que vous y souffririez pour moi. Non, je garde mes fers, j'aime mieux y rester et attendre, que d'en sortir aux dépens de votre généreuse pitié! Vincent de Paul embrasse l'infortuné qui lui dispute une si belle victoire; il le presse, il le conjure, il obtient, et le voilà dans les fers. O captif de Jésus-Christ, qui, comme Paul, souhaiteriez à vos frères tout ce que vous avez, excepté vos fers, asseyez-vous sur le banc des forçats, et, la rame à la main, donnez au crime désespéré l'exemple de l'innocence résignée. Noble représentant de la Providence, montrez vos chaînes pour la justifier. Ne craignez pas pour votre humilité le souvenir de votre gloire; le ciel en a besoin; et si votre bouche refuse de la révéler, pour trahir vos précautions, il en gravera sur vos pieds l'empreinte ineffaçable.

Vincent de Paul aurait passé dans les fers tout le temps que devait encore y passer le jeune homme, si des recherches n'avaient indiqué son héroïsme au général des galères. Mis en liberté, il découvre enfin sa dignité aux gardiens des prisons; il les prie, il leur ordonne d'avoir pitié de ces malheureux dont personne ne doit connaître le sort mieux que lui. Il leur dit et leur fait comprendre que ces membres qu'ils déchirent sont les membres de Jésus-Christ; ces misérables, leurs propres frères; il leur rappelle qu'ils ne sont pas chargés d'être leurs bourreaux, mais leurs amis; mais leurs consolateurs; et ces hommes faits depuis longtemps à n'avoir plus de pitié, touchés des paroles de Vincent, lui promettent de n'être plus insensibles. Heureux de cette victoire, Vincent court l'annoncer à ceux pour qui il vient de la remporter. Entouré de ces maîtres dont il a fait des agneaux, il suit tous les rangs, touche les chaînes, les baise, verse des larmes, parle du ciel, et pour la première fois les forçats respirent. Alors ils ne tremblent pas devant leurs gardiens; mais tous, les yeux attachés sur Vincent, ils bénissent leur sauveur, leur père, et lui promettent de laisser croître dans leur cœur la semence qu'il vient d'y jeter.

Déjà la famille souffrante a reçu ses adieux. Vincent la quitte, plein de ses besoins et de ses douleurs, et bientôt un vaste hôpital élevé dans Marseille, pour recevoir ceux qui n'ont plus la force de porter les fers, leur annonce que si Vincent n'est pas toujours au milieu d'eux, jamais au moins il ne les oublie. Laissons-les, mes Frères, se féliciter de pouvoir mourir un jour ailleurs qu'au fond des cachots. Tandis que nous admirons les premiers monuments de la charité du saint prêtre, il a déjà essuyé d'autres larmes, consolé d'autres afflictions. A Bayonne, à Brest, à Bordeaux, le voilà encore sur les galères, avec quelques prêtres qu'il anime de son zèle, plantant le royaume de Dieu parmi des hommes que personne, avant lui, n'osait approcher. Bientôt les fers sont trouvés moins pesants, les bouches sont fermées aux blasphèmes, le chant des saints cantiques retentit dans les prisons; et les captifs, humiliés aux pieds du ministre de Jésus-Christ, se réjouissent de trouver dans leurs fers les instruments de leur pénitence.

Mais courons à d'autres travaux. Dans l'antique maison de Saint-Lazare, une foule de prêtres, réunis sous les ailes de Vincent de Paul, reçoivent de sa bouche les paroles de la vie éternelle, et pour eux, et pour les ignorants qu'ils vont instruire. Tous ensemble, dans cet autre cénacle, où, après chaque victoire, ils reviendront s'humilier au pied de la croix et se préparer à de nouveaux triomphes, ils attendent que l'Esprit-Saint les vienne remplir de lumière et de chaleur. Hâtez-vous, Esprit de feu, Esprit de science, versez vos dons sur ces apôtres que vous avez choisis, et qu'ils aillent annoncer l'Evangile ! Après s'être partagé toutes les provinces de la France, ils se disent adieu, ils partent. Accourez, ô vous tous qui êtes assis à l'ombre de la mort ! Mais, que dis-je ? Ni les forêts, ni les glaces, ni les fleuves, ni les rochers, rien n'arrête les enfants de Vincent de Paul. Toute chair voit le salut de Dieu. Les pauvres, les bergers n'ont pas besoin d'abandonner leurs troupeaux, leurs chaumières ; des Anges viennent les trouver et leur dire qu'un Sauveur est né pour eux. Des églises s'élèvent de toutes parts, au fond des vallées, au sommet des montagnes. Le grain semé dans des terres devenues fécondes naît, étend ses branches et reçoit sous son ombre une foule lassée d'errer à l'aventure. La piété depuis si longtemps exilée, revient avec les vertus qui l'accompagnent. Les saintes solennités recommencent dans des lieux étonnés de ne plus les voir ; on y accourt de toutes parts, on se presse, pour recevoir le pain de la parole et se donner le baiser de paix.

Et que fait Vincent de Paul, mes Frères, que fait-il, tandis que ses enfants soumettent la terre promise ? Tantôt, comme Moïse sur la montagne, il lève les mains vers le ciel, pour appeler sur eux son secours ; tantôt, comme Josué, il descend dans la plaine et court au plus fort du combat. Tout fléchit devant celui qui vient au nom du Seigneur. Mais les terres éloignées ont tressailli. Où vont ces conquérants entourés d'armées invisibles ? La croix à la main, ils attaquent le monde, et déjà le Piémont, la Savoie, la Pologne ont reçu la loi et soumis leur tête au joug de l'Evangile. L'Irlande, l'Ecosse, malgré les fureurs de l'hypocrite Cromwel, ont entendu les paroles de la vraie foi. Tunis, Vincent de Paul s'est souvenu de Tunis ! Alger, Madagascar ont vu leurs habitants, à peine hommes autrefois, devenus chrétiens. Que l'enfer arme les éléments contre les enfants de Vincent de Paul, que les vents les repoussent, que les flots les engloutissent, il n'est pas donné à l'enfer d'ôter à leur cœur la charité et à Vincent le pouvoir de multiplier ses disciples : hommes extraordinaires que les périls encouragent, pour qui la mort est la plus douce récompense, à qui il suffit de dire que la guerre, ou la peste, ou la famine les attendent, pour animer leur zèle, et les faire voler à la conquête des âmes ! Un d'entre eux partant pour un pays lointain et barbare, écrit à son ami qu'il espère y trouver les plus affreux supplices. O charité ! Il est donc vrai que tu es plus forte que la mort !

Pendant que la moitié de l'Europe et une partie de l'Afrique obéissent aux enfants de Vincent de Paul, pendant que les peuples accourent en foule sous le joug de la foi, Vincent de Paul prépare de dignes pasteurs qui continueront l'œuvre commencée. Dans les nombreuses missions qu'il a données en France, il a vu, hélas ! les lampes du sanctuaire presque éteintes, le sel de la terre affadi, des loups dévorant et les troupeaux et les pasteurs, et il a conçu le dessein de rendre à l'Eglise ses ministres fidèles. Sur le champ, sa maison de Saint-Lazare est ouverte à ces hommes qui, jeunes aujourd'hui, demain doivent être des vieillards. C'est là qu'ils apprennent ce que peut-être ils n'auraient jamais su, que ce que l'épée est au soldat, la prière l'est à ceux qui se dévouent au service des autels ; qu'un prêtre est chargé d'un poids redoutable, même pour les anges ; que loin de s'engraisser de la substance du troupeau, il doit, comme saint Paul, et donner ses biens et se donner lui-même ; qu'il n'y a, qu'il ne doit prêcher qu'un Evangile pour les grands et pour les petits ; que, lumière du monde, il doit se placer sur le chandelier, et, de là, éclairer les aveugles, brûler les froids ; qu'il doit dire, et dire avec vérité : Soyez mes imitateurs, comme je le suis moi-même de Jésus-Christ, enfin, que Dieu arrache la vigne qu'il n'a point plantée. Là, une jeunesse téméraire que la soif de l'or ou des honneurs appelait seule aux fonctions du sanctuaire, éclairée, émue par des instructions solides et touchantes, frémit de son imprudence et se retire ou purifie, entre les mains de Vincent de Paul, le motif profane qui l'aurait perdue.

Étonnés du bien qu'opèrent, parmi les jeunes lévites, ces salutaires retraites, des pontifes supplient l'homme de Dieu de leur communiquer le talent divin de former de saints ministres. En France, à Gênes, en Italie, et jusques dans la ville sainte, les règles de Vincent de Paul à la main, des prêtres apprennent, à ceux qui vont le devenir, à se sanctifier pour sanctifier les autres. Déjà sont fondés plus de soixante séminaires où, comme dans des arsenaux sacrés, on vient prendre les armes pour combattre le vice et l'erreur. Pieux asiles, que le nom de votre fondateur n'avait pas sauvés des ravages des hommes, et que la main de Dieu a relevés plus nombreux encore, vous annoncerez à la postérité ce que Vincent de Paul a fait pour le salut des peuples et pour l'honneur du sanctuaire!

Et quelle est, mes Frères, cette nouvelle société formée autour de notre Saint? Ce ne sont plus seulement de jeunes clercs à qui il ouvre les trésors de la science; ce sont des prêtres qui viennent apprendre de sa bouche la voie de la perfection; ce sont des Saints qui viennent s'instruire à devenir plus saints; ce sont des génies sublimes qui viennent se former, auprès de Vincent de Paul, à la science et à la vertu. Là, les Ollier, les Bourdoise se rendent, aux jours fixés, pour étudier la manière de *faire circuler abondamment dans le sanctuaire l'antique sève sacerdotale*; le vertueux Bernard, devenu pauvre pour s'enrichir de la pauvreté de Jésus-Christ, prend cet esprit de désintéressement qui doit un jour déconcerter la magnificence de Richelieu; les Eudes-Mezerai, dont les noms sont écrits au livre de vie, accourent admirer la sainteté dans sa beauté primitive. C'est là aussi, c'est au pied de cet homme, fils ignorant d'un pauvre habitant des campagnes, que l'enfant du tonnerre, Bossuet, jeune encore, vient s'essayer à écraser de ses foudres toutes les grandeurs humaines. Vincent de Paul, dit ce savant évêque, était l'âme de ces assemblées, et, quand il parlait, l'esprit éclairé de nouvelles lumières, le cœur brûlant d'une ardeur inconnue, attestaient que dans sa bouche était placé le charbon de feu qui purifiait les lèvres du prophète.

Vous parlerai-je encore, mes Frères, de ces retraites spirituelles, dirigées par Vincent de Paul, où les grands comme les petits venaient ressusciter l'homme intérieur, se purifier des taches d'une vie dissipée, et se fortifier contre les séductions du monde dans lequel ils allaient rentrer? Vous dirai-je qu'il était le père de cette multitude d'enfants à qui il distribuait le lait dans leur faiblesse, et des nourritures plus fortes quand ils étaient plus forts? Et quand les fonds venaient à manquer, vous apprendrai-je comment, ou par le dépouillement de toutes choses, ou par le secret de disposer des biens de la Providence, il trouvait le moyen de nourrir une multitude moins affamée encore du pain matériel que du pain de la parole sainte? Vous dirai-je qu'un grand nombre de prélats de France et d'Italie voulurent, à l'exemple de Vincent de Paul, donner à leurs brebis égarées, ou en danger de l'être, des asiles sûrs, où elles pourraient apprendre à éviter le chemin qui mène à la mort éternelle?

Mais, d'autres merveilles nous appellent. Ici un essaim de femmes pieuses, le trésor de la charité à la main, volent, de tous côtés, dans ces réduits où elles ont entendu gémir l'indigence. Que la honte même qui rend la pauvreté si horrible, ferme la bouche à des malheureux qui aiment mieux souffrir et mourir que d'implorer la pitié de leurs semblables, ces nouvelles Paules deviennent la demeure où la douleur rougit de se plaindre tout haut. Les plus pressants besoins y sont soulagés, que dis-je? elles y prodiguent les douceurs de la vie, et souvent des familles entières reparaissent avec honneur en public, avant qu'on ait soupçonné le secret de leur indigence. Et ne demandez pas, mes Frères, quelle est dans cette œuvre touchante la fonction de Vincent de Paul. Ah! depuis qu'il a dit énergiquement que les pauvres étaient *son poids et sa douleur*, la charité ne fait rien pour eux qu'il n'ait encouragé, ou dont il n'ait donné le premier la leçon ou l'exemple. La capitale, la France, l'Europe entière, voient en peu de jours se multiplier, par ses soins et son zèle, ces sociétés secourables, dont la principale attention est d'écouter d'où partent les cris de la misère. Elles subsistent encore aujourd'hui, et elles subsisteront tant que la charité sera sur la terre, tant qu'il y aura des pleurs à essuyer, des indigents à nourrir! Ah! bénies soient-elles à jamais ces femmes généreuses que le monde peut-être ne connaît pas, mais dont tous les pauvres savent le nom, comme elles savent le nom de tous les pauvres.

Un nouveau genre d'infortune vient encore s'offrir à Vincent de Paul. Il se souvient qu'il a vu ces maisons destinées à recevoir les membres souffrants de Jésus-Christ abandonnées à des mains mercenaires, de pauvres malades délaissés quand leurs maux peuvent rebuter la nature, ou traités avec une rigueur plus terrible encore que les souffrances. Longtemps il a cherché dans son cœur fécond en généreuses pensées, et toujours il a trouvé que des ressources ordinaires sont insuffisantes pour guérir des plaies si profondes. Alors profitant, pour ses desseins, de l'ascendant que lui donnent sur tous les cœurs et ses leçons et ses exemples, il crie, il appelle au secours de Jésus-Christ abandonné à ses douleurs. A sa voix accourt une foule d'héroïnes, qui viennent déposer leurs trésors aux pieds de Vincent de Paul et lui demander ce qu'il faut faire! Il dit, et chacune, glorieuse de la fonction que vient de lui assigner le saint Prêtre, court où préparer des remèdes, où les présenter aux malades, où soulever sur leur lit des corps épuisés et presque sans vie. On vit alors ces mains délicates, brillantes d'or et de pierreries, accoutumées à ne se jouer qu'avec les diadèmes et les couronnes, on les vit se dépouiller de leurs ornements, panser des plaies dégoûtantes et s'embellir des œuvres de la charité. On vous vit, ô Fouquet admirable, si digne du beau nom de *Mère des Pauvres*, plus illustre encore par vos largesses que par la fortune et la disgrâce de votre fils ; et vous, d'Aiguillon immortelle, qui non contente d'ouvrir pour les bonnes œuvres les trésors d'un ministre fameux, sûtes encore dérober à la Providence le secret de rendre les vôtres inépuisables ; et vous, duchesse de Mantoue, qui deviez honorer un trône par votre courage et vos vertus ; on vous vit accourir dans ces maisons délaissées, vous prosterner devant les malades comme devant Jésus-Christ, les soigner, mères tendres et affectionnées, jusqu'à leur guérison ou jusqu'à leur dernier soupir, et, quand ils avaient expiré, les arroser encore de vos larmes. Ah ! si dans ces mêmes lieux vos noms étaient oubliés par des cœurs sans reconnaissance, les pierres même parleraient pour eux !

Mais ai-je tout dit, mes Frères ? Et parmi tant d'illustres noms que je passe sous silence, puis-je sans injustice oublier un nom, bien cher encore à l'infortune ? En faisant l'éloge de Vincent de Paul, ne dirai-je rien de celle qui si longtemps coopéra à ses travaux et partagea toutes ses peines ? Vous savez de quelle héroïne je veux parler, vous, mes Sœurs, qui attendez sans doute avec impatience l'éloge de votre mère. Issue de l'ancienne maison de Marillac, Louise Legras fut suscitée du ciel pour donner naissance à une famille dont le nom sublime et touchant est devenu la consolation du malheureux sans espérance. Ce n'est pas assez pour cette charitable veuve, d'avoir mille fois, à la voix du saint Prêtre, visité, encouragé les nombreuses sociétés établies par lui dans la France, d'avoir paru dans les prisons même et au fond des cachots, comme un ange consolateur ; elle voudrait donner une mère à chaque infortuné et multiplier les secours, quand les misères se multiplient. Son exemple, le feu sacré qu'elle porte partout avec elle ont embrasé quelques vierges chrétiennes qui viennent la trouver, qu'elle présente à Vincent de Paul. Vincent de Paul les encourage, les exhorte à visiter les pauvres, les forçats, les malades, à les servir, à leur parler du ciel. Tous les jours la troupe augmente. Des milliers de vierges veulent sacrifier leur jeunesse, et les avantages souvent d'une illustre naissance, pour soulager, d'abord dans des maisons, bientôt dans des hôpitaux, ouvrages de Vincent de Paul, toutes les douleurs humaines, dont la vue est si triste pour l'orgueil et si révoltante pour la délicatesse. Ah! ce fut un spectacle digne du ciel, que cette multitude de filles chrétiennes, dévouées par leur propre choix à servir le pauvre, n'ayant *pour maisons que les maisons des malades, pour cloître que les rues de la ville, où les salles des hôpitaux*, selon l'expression de Vincent lui-même, *pour clôture que l'obéissance, pour grille que la crainte de Dieu, et pour voile qu'une sainte modestie!* Le signal qu'elles attendent c'est le cri de l'indigence et de la douleur. Dociles à cette voix si déchirante pour tant d'autres, embrassant dans leur zèle tous les genres de souffrances, elles volent, tantôt dans une ville, arracher à la contagion ses victimes, tantôt sur un champ de bataille, arrêter le sang qui coule et prodiguer la charité parmi les fureurs de la vengeance. Que si vous craignez l'insulte et l'affront pour de jeunes vierges que rien ne semble défendre, sans doute, mes Frères, le rayon de feu ne brille pas sur leur tête, mais la modestie de la pudeur, mais la sollicitude de la charité, mais toutes les vertus qui respirent sur leur visage, voilà leurs armes, voilà le bouclier qui les protège. D'ailleurs Vincent de Paul leur a promis l'assistance du ciel; avec cette assurance la troupe sainte est invincible. Courez donc, vierges magnanimes, courez porter vos soins aux pauvres abandonnés, à l'infirme qui vous appelle. Continuez de reposer votre tête sur le chevet de la douleur. A vous est réservée la sublime fonction de détacher Jésus de sa croix. Portion chérie de la famille de Vincent de Paul, ô vraies filles de la charité, puisque la charité vous a donné naissance ; ô vraies mères de l'infirme et du pauvre, puisque vous leur rendez la vie, recevez pour vous en ce jour les actions de grâces des malheureux, et une partie de nos éloges !

Je cesse de louer pour un moment, mes Frères. Hélas ! des cris de mort viennent de se faire entendre. La Lorraine et le Barrois, en proie à cinq armées qu'animent des intérêts différents, ont vu périr la moitié de leurs peuples ; la famine désole le reste. Que n'ai-je ici, mes Frères, les lamentables accents du prophète, pour vous en raconter les tristes ravages, pour vous représenter les rues de Sion désertes, ses portes détruites, ses prêtres gémissants, ses vierges désolées, les enfants demandant du pain, du pain ! et expirant au milieu de leurs cris inutiles ! Ici, sortant des villes où tout est consumé, de hideux fantômes apparaissent de loin en loin dans les campagnes, se disputent les dernières herbes, et tombent en les dévorant. Là des mères, leurs enfants à leurs pieds, le couteau à la main, devant un foyer ardent..... Mères barbares, quelle nourriture allez-vous vous préparer ! C'en est fait ! elles ont repris ce qu'elles avaient donné. Ah ! qui rendra la vie à deux provinces ? qui ouvrira sur elles un ciel inexorable ? qui sauvera le reste des habitants de vingt-cinq villes, de cent bourgs ou villages ? Et mes Frères, ce sera Vincent de Paul ! Le premier, il a vu tous ces malheurs, il les a fait voir aux âmes sensibles. Bientôt, au premier appel de sa charité dans sa maison, entre ses mains, s'accumulent des sommes immenses. Les prêtres de Saint-Lazare, ses bons missionnaires, partent, chargés d'aumônes, et courent les distribuer au nom de Jésus-Christ ; et Vincent de Paul court implorer la clémence du maître de l'Europe, de

Richelieu, et le conjurer de donner la paix à des malheureux dont il tient dans ses mains les destinées. Que sa prière soit inutile, que la guerre et la famine, et les maladies ravagent vingt ans encore le Barrois et la Lorraine, que la Champagne et la Picardie soient en même temps livrées tout à coup aux mêmes fléaux, le ciel qui semble avoir oublié ces infortunés pays, le ciel a chargé Vincent de Paul d'être leur providence. Quel dût être l'étonnement de ces pauvres abandonnés, quand ils virent accourir de tous côtés des hommes qui venaient leur donner du pain, les revêtir, leur apporter la paix du ciel, de la part d'un pauvre Prêtre qui avait entendu leurs cris, senti leurs besoins et leurs misères? Et quel sera le nôtre, mes Frères, si nous voyons Vincent de Paul nourrir en même temps, dans la seule capitale, quinze mille pauvres par jour, dans ces jours de trouble et d'anarchie où une reine, trop faible pour un ministre détesté, veut réduire son peuple à la famine, pour le punir de n'être pas faible comme elle. Père de tous les infortunés, voyez-le porter leurs gémissements au pied du trône, et dire sans crainte à Mazarin qu'il doit abandonner les affaires, s'il veut avoir pitié de la France. Hélas! l'ambition est insensible, et Vincent de Paul reste chargé de nourrir la moitié du royaume.

Et d'où revient-il aujourd'hui, les larmes aux yeux, portant dans ses bras des enfants que leurs mères abandonnent? Que veut-il faire de ces tristes jouets de la honte et du crime? Ouvrez, ouvrez, femmes généreuses, compagnes inséparables des travaux de Vincent de Paul! Le voici qui vous apporte une nouvelle famille à soulager, plus faible encore et plus délaissée. Elles ont entendu les cris de ces jeunes infortunés, et la voix de celui qui vient demander pour eux un asile. Déjà des berceaux sont préparés, où leurs petites mains tendues vers leurs bienfaitrices les remercient d'avoir voulu être leurs mères. Le nombre des orphelins augmente tous les jours, et tous les jours encore les ressources se multiplient. Vincent de Paul, qui croit la charité des autres inépuisable comme la sienne, reçoit avec transport tous les enfants que le ciel lui envoie. Que dis-je? Il ne lui suffit pas d'attendre à sa porte, pour les bénir quand ils arrivent. A travers les pluies et les neiges, quand l'heure fatale a sonné, où la nuit couvrira de ses ombres la cruauté d'une mère dénaturée, Vincent de Paul, pour qui c'est toujours l'heure des bienfaits, va faire autour du malheur sa ronde accoutumée. Sans autres armes que sa charité, il visite tous les lieux, écoute toutes les voix, interroge le silence ; heureux, mille fois heureux, quand un faible vagissement, parti du fond d'une rue glacée, semble lui dire : accourez, ou je vais mourir ! Non, tu ne mourras pas, cher enfant, s'écrie-t-il en saisissant la victime expirante. Non, je viens te sauver ! Il enveloppe dans son manteau ses membres tremblants, le presse sur son cœur, doux berceau, où la charité le réchauffe, et lui rend la vie ! Il arrive, riche de son trésor, le dépose entre des mains fidèles, et va soupirer après le moment où recommenceront ses excursions charitables. Mais, hélas ! tandis qu'il se flattte d'avoir bientôt mis à l'abri de la mort et des souffrances, ces créatures infortunées pour qui on dirait que c'est un crime d'avoir vu le jour ; tandis que, père tendre et généreux, il demande au Seigneur d'où lui viennent tous ces enfants, et le remercie de lui avoir donné tant d'héritiers dans les jours de sa vieillesse, le découragement gagne parmi ces grandes âmes, qu'aucun sacrifice n'a pu encore étonner. Dix mille orphelins qu'elles vont avoir à nourrir, leur paraissent un fardeau au-dessus de leurs forces. Ah ! des enfants peuvent-ils être un fardeau pour des mères ! s'est écrié dans sa douleur Vincent de Paul. Il lève les yeux au ciel où il a mis sa confiance, et le ciel lui dit ce qu'il faut faire. A l'instant est convoquée une assemblée chrétienne dont le zèle va lui échapper. L'église de Saint-Lazare se remplit d'une multitude impatiente de voir, d'entendre Vincent de Paul. Vincent arrive avec cinq cents de ces pauvres enfants que portent dans leurs bras ses filles de la charité. Ce spectacle qui touche ne suffit pas à sa tendresse. Il monte en chaire, et de là, les larmes aux yeux, ne pouvant contenir sa douleur, jurant aux orphelins de ne pas les délaisser, quand leurs mères les délaisseraient : « Or sus, Mesdames, dit-il, la compassion et la charité vous ont fait adopter ces petites créatures pour vos enfants. Vous avez été leurs mères selon la grâce, depuis que leurs mères selon la nature les ont abandonnés. Voyez maintenant si vous voulez aussi les abandonner pour toujours. Cessez à présent d'être leurs mères pour devenir leurs juges, leur vie et leur mort sont entre vos mains. Je m'en vais donc, sans délibérer, prendre les voix et les suffrages. Il est temps de prononcer leur arrêt, et de décider irrévocablement si vous ne voulez plus avoir pour eux des entrailles de miséricorde. Les voilà devant vous! Ils vivront, si vous continuez d'en prendre un charitable soin; et je vous le déclare devant Dieu, ils seront tous morts demain si vous les délaissez. »

L'onction de l'Esprit-Saint qui a dicté ces paroles s'est insinuée dans tous les cœurs. On pleure, on gémit, Vincent triomphe, la cause des orphelins est gagnée; et dès-lors, heureux adoptifs de la piété et de la religion, il fut décidé en votre faveur que la charité se chargerait d'acquitter les dettes de la nature.

Tandis que Vincent plaide si éloquemment pour l'enfance abandonnée, la vieillesse trouve en lui un ami tendre. Ne demandons pas si des ressources presque épuisées par la dernière œuvre pourront suffire pour de nouvelles entreprises. Loin de lui ces froides spéculations qui amortissent la charité et font outrage à la confiance. Tant que Vincent aura un cœur, il aimera, il espèrera. Il connaît des vieillards que les inquiétudes de la mendicité réduisent à ne pouvoir penser à leur salut, et il leur a ouvert une retraite, où, sans craindre que le pain leur manque, ils pourront méditer à loisir sur les années éternelles qui approchent. Et que vous dirai-je de cet hospice de Sainte-Reine, où tous les ans vingt malades viennent, comme le paralytique de la piscine, attendre le jour salutaire de la Providence? Elle est bien plus merveilleuse encore cette maison de la Salpêtrière, où arrivent de toutes parts des malheureux de toute espèce. Mais ici, Vincent de Paul, en croyant délivrer la capitale d'une foule d'hommes sans aveu que l'oisiveté rend misérables, et qui parent à la misère par la fraude et le larcin; de blasphémateurs, dont toute la gloire est de se jouer publiquement de la religion; d'esclaves du libertinage, qui vendent leur honneur, leur pudeur, leur conscience qu'aucun trésor ne saurait payer; Vincent a-t-il bien pensé qu'il s'expose à former un corps monstrueux contre lequel viendront échouer et la sagesse de ses mesures, et sa douceur et sa patience? Oui, mes Frères, mais il a pensé aussi, avec plus de raison encore, que celui qui lui a inspiré son dessein lui donnera le moyen de l'exécuter, et fera, s'il le veut, autant d'agneaux des lions les plus féroces. Admirable récompense d'une confiance filiale! Vincent de Paul a espéré, et le pauvre Prêtre a plus fait que ne purent faire Henri-le-Grand et Marie de Médicis avec toute leur gloire.

Et maintenant qu'ajouter de plus à celle de Vincent de Paul? Lui en ferons-nous une d'avoir pris le parti de l'espérance contre des novateurs superbes et rigoureux qui voulaient borner une miséricorde infinie, et ôter au sang de Jésus-Christ une partie de sa vertu? Mais des victoires remportées sur des ennemis qui le détestaient, coûtaient trop à l'ami de tous les hommes. Cherchons-lui une gloire plus digne de lui dans des maisons fondées par d'autres mains que les siennes, mais dont il fut l'appui et le conservateur; parmi ces Filles de la Providence, de Sainte-Geneviève, de la Madeleine, de la Visitation, de la Croix, et tant d'autres qu'il pouvait bien appeler ses enfants, puisqu'elles l'appelaient leur père; parmi ces pauvres qu'il nourrit tous les jours et qu'il sert lui-même à sa table, aux pieds desquels il se jette quand il n'a rien à leur donner; parmi ces neuf cents vierges dont il recueille la vertu; parmi ces malheureux habitants de Génevilliers qui, assiégés dans leurs maisons par les eaux débordées de la Seine, durent leur salut aux inventions de sa charité; parmi ces exilés d'Irlande qui, fuyant leur patrie pour obéir à l'Evangile, étaient venus remettre entre les mains de Vincent de Paul le dépôt de leur foi, et confier leurs jours à sa tendresse; parmi ces nobles Lorrains, qui, n'ayant porté dans sa maison qu'un grand nom et de grandes misères, y trouvèrent une existence honorable, et consentirent à ne pas se plaindre de leur pauvreté, en apprenant qu'ils ressemblaient à Jésus-Christ, noble et pauvre tout ensemble.

Lui ferons-nous encore une gloire d'avoir reçu les dernières paroles et les derniers soupirs de Louis XIII, à lui dont les plus chères délices furent d'assister le pauvre, et de lui ouvrir, comme au premier ami de Dieu, le sein de l'éternelle miséricorde? D'avoir, en prenant dans ses bras le jeune héritier de la couronne, montré au monde celui sous lequel les Français devaient être si grands? Le louerons-nous d'avoir mérité de diriger la main de la Régente dans la distribution des dignités ecclésiastiques? L'admirerons-nous allant chercher souvent dans les ténèbres, toujours parmi les saints, les pontifes qui devaient sanctifier l'Eglise, s'exposant tous les jours à la disgrâce de Mazarin, qui ne savait choisir que les amis de sa fortune? Et répéterons-nous ce que disait l'illustre évêque de Nimes : « Que Vincent de Paul rendit sa splendeur à l'Eglise de France par sa sagesse et sa fermeté? » Ou bien consentirons-nous à ne pas le féliciter d'un emploi qu'il appelait son *malheur* et son *ignominie*? Ah! qu'il lui ait été permis de le dire, nous le sera-t-il à nous d'être assez ingrats pour oublier ses services, parce qu'il fut assez humble pour les ignorer? Et quand il dit qu'*il ne mérite pas de vivre parce qu'il ne fait rien pour gagner son pain*, le croirons-nous sur sa parole, et ne lui dirons-nous pas, au contraire, que personne ne l'a jamais mieux gagné que lui ? La philosophie elle-même lui a rendu cette justice, et une statue, avec une inscription, a été le monument de sa reconnaissance. Nous n'examinerons pas si cet hommage est honorable pour le saint Prêtre, qu'on ne voulait appeler que le héros de la bienfaisance, lui qui ne chercha jamais que la perfection de la charité chrétienne. Mais, pour nous, mes Frères, si, sans vouloir imiter cet exemple, et seulement pour joindre nos vœux aux vœux que formaient, il y a peu d'années encore, ses concitoyens, il nous est permis d'ajouter au récit de ses œuvres un témoignage de notre admiration et de notre amour, nous vous dirons que nous aussi, nous voudrions lui élever une statue, non dans nos temples, où il mérite des autels, non dans les places publiques de la capitale, où sa gloire est écrite sur vingt monuments, ouvrages de ses mains charitables (où ses restes précieux, portés en pompe par la religion, viennent de faire tressaillir les belles âmes); non dans nos cœurs, où notre reconnaissance nous a prévenus, mais au fond de ces landes incultes qui le virent enfant, gardant les troupeaux de son père, devant la porte de la chaumière où il naquit, ou sur ses débris, si elle est renversée. Là, donnant quelque gloire à cette obscurité si souvent méprisée, où Dieu prépare ses Joseph, ses David et ses Vincent de Paul, nous répéterions autour du monument ces paroles déjà citées : *De post fœtantes accepit eum, pascere Jacob servum suum, et Israel hœreditatem suam.* Mais cet hommage ne suffirait pas encore. Alors, appelant autour de lui les pauvres qu'il nourrit, les captifs à qui il fit trouver si doux le poids des fers, les orphelins à qui il donna des mères, les infirmes qu'il soulagea, les vierges qu'il protégea, les infidèles qu'il conduisit sous le joug de Jésus-Christ, les saints prêtres, les saints pontifes qu'il donna à son Eglise, conduisant devant lui la Patrie et la Religion reconnaissantes, nous lui formerions un triomphe de ses œuvres et de ses vertus ; et s'il est vrai que la charité soit le sublime du christianisme, nous graverions ce beau nom sur son cœur, et à ses pieds, ces mots touchants : Les malheureux au plus tendre des pères, la France au premier de ses grands hommes, la Religion au plus généreux de ses enfants !

FIN.

Agen, Imprimerie de Prosper Noubel.

www.ingramcontent.com/pod-product-compliance
Lightning Source LLC
Chambersburg PA
CBHW061014050426
42453CB00009B/1436